AF224650

LOI
ÉLECTORALE

SUFFRAGE UNIVERSEL

PAR

ERNEST BOTTARD

Ancien élève de l'École polytechnique

CHATEAUROUX

TYPOGRAPHIE ET STÉRÉOTYPIE A. NURET ET FILS

1874

LOI ÉLECTORALE

SUFFRAGE UNIVERSEL

L'avenir de la France dépend de la manière dont le suffrage universel sera pratiqué, il ne peut y avoir aucun doute à cet égard. Toutes les autres lois, en effet, sont subordonnées à cette loi suprême, car toutes peuvent être remplacées ou modifiées suivant le vote plus ou moins intelligent du peuple souverain. Avec un pareil mode de gouvernement, rien n'est stable, tout dépend des caprices de la multitude, et c'est là l'un des défauts les plus graves que l'on puisse imaginer. La loi électorale a donc une importance capitale, et elle doit être étudiée et discutée avec le plus grand soin.

Comme nous l'avons déjà dit en traitant un autre sujet, avant de donner aux masses ignorantes cette arme terrible du suffrage universel, on aurait dû d'abord faire leur éducation politique.

Le mal est fait, avons-nous ajouté, il faut vivre avec lui, le dominer, et tâcher d'en faire sortir, s'il est possible, quelque chose de bon et d'heureux pour le pays et la civilisation.

Sans entrer dans tous les détails que comporte le sujet, ce qui serait d'ailleurs inutile, nous nous attacherons seulement à discuter les points sur lesquels on est peu ou point d'accord ; c'est-à-dire les conditions de cens, d'âge, de domicile que doit remplir tout citoyen pour devenir électeur.

I. Condition de Cens. — Une loi, pour être juste et durable, doit être la même pour tous et ne créer aucun privilége. En appliquant ce principe rigoureusement vrai à la question qui nous occupe, nous sommes conduits à admettre que tout Français jouissant de ses droits civils et politiques, quelle que soit la position sociale qu'il occupe, a le droit de participer au gouvernement, pourvu qu'il remplisse les charges et les devoirs qui lui sont imposés. Si, en effet, le paysan et l'ouvrier qui ne possèdent rien, et dont la vie s'écoule au milieu des rudes labeurs d'un travail quotidien, sont appelés à verser leur sang pour la patrie, il faut, pour qu'il y ait compensation, qu'ils se sentent quelque chose dans l'État, et qu'ils puissent au besoin faire entendre leurs avis et leurs opinions. Le moyen à la fois le plus simple et le plus pratique de les faire participer au gouvernement, est de les appeler à nommer les députés qui représentent et administrent le pays. En adoptant ce principe qui nous conduit au suffrage universel, on reste d'accord avec la justice et l'on a de plus le grand avantage d'enlever tout prétexte plausible à la révolte. Le constructeur de barricades, l'insurgé devient dès lors l'ennemi de tous, et non plus l'ennemi d'une famille princière ou d'un gouvernement particulier ; envers lui la clémence n'est plus que duperie et faiblesse.

Ces avantages ne nous font pas oublier tous les inconvénients du suffrage universel, et dans ces derniers temps ils sont devenus tellement évidents qu'ils inspirent à tous les gens de bonne foi les craintes les plus sérieuses. Les élections du 27 avril et du 11 mai 1873 nous ont ramenés aux beaux jours de la Commune. Pour peu que cela continue, la France se trouvera légalement gouvernée par les aimables citoyens qui, en présence des Prussiens, n'ont pas craint de prendre les armes contre le gouvernement établi. On fusille un soldat qui abandonne son poste devant l'ennemi, et pour de pareils gredins mille fois plus coupables, on a des égards, on les plaint, on les admire, et le suffrage universel les nomme députés. La sottise et l'impudence mises à la mode par la gent avocassière, remplacent le patriotisme. Le Parisien qui a déjà été étrillé de si bonne et belle façon, tourne de plus en plus le dos au bon sens ; il n'en veut pas démordre, il faut toujours qu'il donne, avec le plus grand à-propos, des leçons aux gouvernants et aux gouvernés. L'ouvrier, de son côté, veut absolument manger du bourgeois, il fait la guerre au capital qui le fait vivre, vote suivant la consigne, reçoit, la veille de l'élection, le nom d'un candidat qui lui est parfaitement inconnu, et marche au scrutin tête baissée. Il ne se doute même pas qu'en agissant ainsi, il n'a d'autre opinion que celle de quelques meneurs, et qu'il ne fait que multiplier par mille ou plusieurs mille le vote de ces derniers. C'est peu flatteur pour l'intelligence des travailleurs, comme ils s'intitulent, et peu encourageant pour les défenseurs du suffrage universel. S'il est prouvé, en effet, que ces travailleurs ne se servent de leur droit que pour faire abnégation de leur raison et de leur jugement entre les mains de quelques ambitieux de la pire espèce, il y a lieu d'aviser. Les radicaux pourront nous répéter sur tous les tons et jusqu'à satiété, que les masses, ignorantes ou non, n'en sont pas moins la majorité du pays, et qu'il faut obéir, ils ne pourront jamais nous convaincre. Leur raisonnement revient à dire que dans une famille composée d'un grand nombre d'enfants, et de quelques personnes d'un âge mûr, l'autorité revient aux enfants ; que dans une société composée d'un grand nombre de fous et de gens raisonnables, il faut se laisser guider par les fous. C'est une absurdité manifeste : on renferme les fous furieux pour les empêcher de se nuire à eux-mêmes ; quant aux enfants, on leur enlève les armes dont ils pourraient faire un mauvais usage. Les nouvelles couches sociales, ajoute-t-on, ne veulent plus se laisser guider par les classes dirigeantes : elles sont assez fortes pour les remplacer. Cela nous rappelle un apologue du bon Lafontaine que nous ne pouvons nous empêcher de citer :

Un jour, nous dit le fabuliste, la queue du serpent, lasse d'être toujours conduite par la tête, crie à l'injustice, veut avoir son tour, et fait si bien que la tête est obligée de céder. Voilà donc la queue qui se met en marche, traînant après elle la tête et se heurtant à chaque instant contre les arbres et les rochers. Au bout de quelques instants, le corps de la malheureuse bête n'était plus qu'une plaie ; force fut donc de s'arrêter, et de reconnaître que les yeux n'étaient pas sans quelque utilité. Depuis quelques années, le suffrage universel remplace assez bien la queue du serpent, il a rempli nos Chambres d'avocats braillards et ignorants et, non content de cela, le voilà qui se met en tête d'y envoyer les représentants plus ou moins avoués de la Commune.

Ces votes stupides du peuple souverain, votes qui compromettent à la fois la dignité et la sûreté de la France, doivent-ils cependant nous faire souhaiter la suppression du suffrage universel. Nous ne le croyons pas. Cette loi, comme nous l'avons dit et prouvé, est fondée sur la justice et l'égalité, elle enlève tout prétexte à la révolte et, de plus, écarte toute idée de corruption. Il n'est pas de bourse assez riche pour acheter tous les électeurs, comme cela se pratiquait sous le régime constitutionnel. On peut, il est vrai, tromper la multitude, fausser son jugement, et l'amener ainsi, ce qui n'est que trop fréquent, hélas ! à faire des choix déplorables, mais au moins il n'y a pas marché, achat de vote, et la moralité se trouve sauvegardée. Enfin, par sa généralité même, le suffrage échappe à une pression trop grande de l'autorité administrative. Cette dernière, quel que soit son zèle et son bon vouloir, obligée de porter son attention sur un nombre immense d'électeurs, ne peut avoir sur eux une bien grande action, son rôle se trouve réduit à ce qu'il doit être, c'est-à-dire à donner des conseils plus ou moins intéressés. D'ailleurs, pour que la nation puisse acquérir cette éducation politique si désirée, il faut bien la laisser s'occuper un peu de ses affaires.

Que l'on essaie de concilier les idées libérales et les idées conservatrices, rien de mieux ; malheureusement tout ce qu'on a proposé jusqu'à présent ne semble guère devoir donner des résultats bien satisfaisants. Il est question actuellement d'admettre les élections à plusieurs degrés. Dans ce système qui, du reste, a déjà été appliqué, tous les électeurs nommeraient, parmi les citoyens présentant certaines conditions de cens, un nombre déterminé de délégués. Ces délégués à leur tour choisiraient les députés parmi ceux d'entre eux dont les impositions s'élèveraient à une certaine somme.

Nous ne sommes pas partisan de ce système, pour bien des raisons : 1° il crée des classes privilégiées, ce qui est un inconvénient ; 2° le peuple souverain ne nommant plus directement les députés ne manquerait pas de dire (et s'il ne le disait pas, on le lui ferait dire) que le suffrage universel n'existe plus ; 3° l'action du gouvernement, quel qu'il soit d'ailleurs, n'ayant plus à s'exercer que sur un nombre d'électeurs relativement restreint, pourrait devenir plus considérable et par suite donner lieu à une pression plus ou moins grande.

M. Taine, tout en adoptant l'élection à deux degrés, supprime toute condition de cens. Citons textuellement :

« Je suppose que le législateur dise aux citoyens : Je vous
» dois une loi juste, et vous n'êtes pas traités suivant la jus-
» tice, lorsque, appelés à donner votre confiance, vous êtes
» forcés de choisir entre des gens que vous ne connaissez
» pas. A présent vous les connaîtrez et vous ne donnerez
» votre confiance qu'avec certitude. Désormais, dans chaque
» commune, cent électeurs du premier degré nommeront un
» électeur du second degré. Je ne limite pas votre choix.
» Quel que soit votre élu, riche, pauvre, noble, bourgeois,
» ouvrier, paysan, cela vous regarde. Je n'exige de vous
» aucune preuve ni aucun degré de fortune ni d'éducation,
» je n'exclus que les faillis et les gens condamnés par les
» tribunaux ; à vous de choisir où vous le trouverez, l'homme
» le plus honnête, le mieux informé, le plus capable. Voilà
» pour les campagnes, les bourgs et les petites villes. Pour
» les villes moyennes ou grandes, chaque quartier nommera
» ses électeurs de la même façon qu'une commune ordinaire.
» Tous ces électeurs élus se trouveront à un jour marqué au
» chef-lieu d'arrondissement. Là, pendant trois jours, au
» nombre d'environ deux cents, ils causeront entre eux et
» avec leurs amis, ils s'assembleront plusieurs fois dans une
» grande salle pour écouter les candidats et les interroger.
» Le troisième jour, ils nommeront les députés et revien-
» dront chacun à sa commune pour vous dire à l'amiable les
» raisons de leur choix. »

Et M. Taine ajoute :

« Y a-t-il là dedans un privilége pour une classe ? Mais un
» duc-académicien y est traité sur le même pied qu'un ma-
» nœuvre, et l'envie égalitaire la plus aigre ne peut trouver
» une faveur pour personne. Quelqu'un pourra-t-il soupçonner
» une pareille loi d'être hostile au peuple ? Mais c'est justement
» pour le peuple, pour le grand nombre qu'elle est faite, et
» ceux-là qui la décrient au nom de ce qu'ils nomment les
» principes, prouvent par cela même qu'ils sacrifient le

» peuple vivant, les travailleurs, les pauvres, à une théorie
» usée, à une phrase de livre, à un pur jeu de logique
» et d'abstraction. »

Cette théorie est très-séduisante, elle n'a qu'un tort :
c'est de compliquer inutilement le suffrage universel,
sans donner aucune garantie aux conservateurs ; car
rien n'empêche les électeurs du premier degré de
choisir tous les électeurs du second parmi les radicaux.

On a encore proposé de donner aux pères de famille
un nombre de voix proportionné au nombre de leurs
enfants. Outre l'impossibilité de mettre en pratique
une pareille idée, on aurait encore l'inconvénient de
ne pas favoriser les conservateurs, car ce sont eux qui
ont, en général, le moins d'enfants.

Toutes les autres combinaisons imaginées ne sont pas
meilleures, et plus difficiles peut-être à appliquer. Il y
aurait toutefois avantage à abandonner le scrutin de
liste, et à adopter le scrutin par arrondissement. De
cette manière on permettrait aux électeurs de mieux
connaître les délégués qu'ils sont appelés à choisir.

Enfin on doit chercher, dans la création d'une
seconde Chambre, à donner plus de stabilité aux in-
stitutions et au gouvernement. Cette seconde Chambre
qui aurait des attributions analogues à celles de l'ancien
Sénat, devrait selon nous, pour conserver son autorité et
son prestige, être nommée et renouvelée tous les sept ou
huit ans par le suffrage direct universel. Les Sénateurs
seraient choisis parmi les citoyens ayant 35 ans au moins
et ne recevraient aucun appointement. En supprimant

le traitement, on aurait d'abord l'avantage de ne pas aggraver les charges de l'État, ce qui est fort à considérer actuellement, et de plus, on donnerait un point d'appui au gouvernement établi pour le maintien de l'ordre et de la tranquillité. Les fonctions non salariées ne sont guère, en effet, recherchées que par des gens jouissant d'une certaine fortune, et par suite essentiellement conservateurs. Sans doute, il serait plus libéral, nous le reconnaissons volontiers, de payer les Sénateurs comme les Députés, mais dans un siècle de transition comme le nôtre, où tout est mis en question, il est bon de prendre quelques mesures restrictives contre les caprices de la multitude. Pour donner plus d'autorité au Sénat, il serait nécessaire d'y faire entrer, à titre de récompense nationale, toutes les illustrations de l'armée, de la magistrature, des sciences, des beaux-arts, etc. A cet effet, cinquante ou soixante places devraient être laissées à la nomination du chef de l'État.

Ces quelques concessions faites aux idées conservatrices seront loin, très-probablement, d'être considérées comme suffisantes. On nous rappellera sans doute que la Chambre des Pairs ou des Sénateurs n'a jamais su empêcher les bouleversements et les révolutions. Il est difficile cependant d'aller plus loin, à moins d'attaquer le principe électoral qui nous régit actuellement.

Que d'incertitudes, que de difficultés cette malheureuse République de 1848 aurait évitées à nos législateurs, si, au lieu de laisser toute liberté à ce bon peuple souverain, elle l'avait, comme les enfants, coiffé d'un bourrelet et tenu par les lisières pendant les premiers temps de sa majorité !

Enfin, puisque le mal est fait, et que nous sommes déjà embarqués sur cette mer orageuse du suffrage universel, nous croyons, quant à nous, qu'il faut en affronter courageusement les flots plus ou moins furieux, ne pas s'exagérer le péril, et ne se résigner à revenir en arrière que lorsqu'il y aura danger de mort. Alors nous serons tous les premiers à conseiller de jeter par-dessus bord tout le bagage démocratique, avocats y compris. Nous ne reconnaissons ni droit divin monarchique, ni droit divin républicain, nous mettons avant tout le salut de la France.

En résumé, nous admettrons donc, jusqu'à ce que l'expérience nous ait donné tort, que le droit des citoyens au titre d'électeur doit être indépendant de toute condition de cens et de position sociale.

II. Condition d'Age. — La loi française fixe à vingt-un ans l'époque de la majorité. Partant de là, on a pensé assez naturellement que l'on pouvait octroyer en même temps et les droits politiques et les droits civils. Nous ne sommes pas de cet avis, d'abord parce qu'à vingt-un ans on est encore un enfant, et parce qu'ensuite on commettrait une injustice réelle.

La loi qui donne au jeune homme de 21 ans la gestion de ses biens est sage, car l'intérêt personnel peut (et cela n'arrive pas toujours) servir de contre-poids à l'ardeur et à l'inexpérience du jeune âge. En est-il

de même au point de vue politique ? Évidemment
non. En effet, que toutes les personnes d'un âge mûr
se reportent à ces temps à jamais regrettés où, tout
fiers de leur barbe naissante, ils ont fait leurs premiers
pas dans le monde. Qu'ils nous répondent franchement : avaient-ils la moindre idée des besoins du pays,
la moindre connaissance des hommes ? A cet âge heureux on ne fait la part ni de la pratique, ni de l'expérience. Étourdi par les phrases vides et sonores des
rhéteurs, on se jette tête baissée et sans réflexion, soit
dans un sens soit dans un autre, vers les idées les plus
extrêmes. On aime le bruit, le désordre ; le gouvernement remplace très-avantageusement le magister du
village ou le pion du collége ; c'est lui qu'il faut attaquer et détruire quand même. On croit affirmer son
intelligence en réclamant l'indépendance sans limites,
c'est-à-dire l'intolérance. On écoute, on applaudit ceux
qui partagent vos idées, on siffle au contraire ceux
qui sont d'un avis opposé, sans leur permettre de se
faire entendre. Et quand on a bien crié, bien chanté,
en se promenant dans les rues, quand la police et les
circonstances sont favorables, on rentre chez soi assez
satisfait de sa petite personne. De par l'absurdité et le
désordre on est devenu un héros. Que de jeunes gens
aujourd'hui mariés, bons pères de famille, tremblant
au moindre bruit et n'osant même pas voter de peur
de se compromettre, ont été, dans leurs beaux jours,
les plus chauds partisans de Marat et de Robespierre !
Faut-il s'en étonner ? Non, car la modération et la sa-
gesse ne viennent qu'avec le nombre des années. Il

faut que jeunesse se passe, comme dit le proverbe, et plus il y a de sève dans un arbre, plus il y a de chance de le voir porter des fruits sains et vigoureux. Il suffit pour cela d'un bon jardinier, et ce jardinier c'est l'expérience.

Toujours est-il cependant qu'il n'en serait pas moins absurde de remettre les destinées de la France entre les mains d'une jeunesse écervelée. Elle ne doit jouer aucun rôle politique avant l'âge de 25 ans. Jusque-là elle n'a que deux choses à faire, étudier et s'amuser, et certes elle n'est pas à plaindre.

Si les raisons que nous venons d'alléguer et qu'il nous paraît difficile de réfuter ne semblent pas suffisantes, nous ajouterons qu'une loi doit, avant tout, être juste, et s'appliquer également à tous. Or, d'après le nouveau système militaire, tous les jeunes gens âgés de 21 ans doivent servir sous les drapeaux. Malheureusement, dans l'application, on a trouvé, comme toujours, le moyen d'éluder ce principe, et une partie des différentes classes favorisées soit par le sort, soit de toute autre façon, reste dans ses foyers. Chose bizarre ! ce sont précisément ces favorisés exempts de la charge la plus lourde que l'on va choisir pour leur donner une nouvelle faveur. N'y a-t-il pas là injustice, et l'on se demande avec quelque étonnement comment le gouvernement de M. Thiers a pu se laisser aller à de pareilles fantaisies. La seule raison que l'on puisse invoquer en faveur de ce projet, c'est que par ce moyen on arrive à augmenter le nombre des électeurs. Ce nombre, Dieu merci ! est cependant bien assez considérable, et si l'on ne recule pas devant l'injustice pour le grossir, il sera difficile d'opposer une raison tant soit peu valable à ceux qui demandent, au nom des intérêts conservateurs, qu'il soit diminué.

On pourrait, il est vrai, tourner la difficulté en accordant le droit de vote aux militaires, mais tous les partis sont d'accord pour rejeter une pareille solution. Il y aurait danger pour la discipline et surtout pour la sécurité publique, les gens armés étant assez naturellement enclins à appuyer leurs opinions de tout le poids de leurs baïonnettes. Sans insister davantage il nous paraît prouvé qu'il ne serait ni juste ni bon, d'accorder le titre d'électeur avant 25 ans.

III. CONDITIONS DE DOMICILE ET DE MORALITÉ. — Ces deux conditions n'en font réellement qu'une, car si l'on exige de l'électeur, avant qu'il puisse exercer son droit, un certain temps de résidence dans une commune, c'est pour être bien sûr qu'il se trouve dans les conditions demandées par la loi. Il ne s'agit plus là de privilége, il s'agit tout simplement d'une question de moralité applicable à toutes les classes, et l'on ne saurait être trop sévère à ce sujet, dans l'intérêt même du suffrage universel : ses décisions ne peuvent être respectées qu'à cette condition. On a proposé comme limite de résidence, six mois, un an et deux ans.

Nous ne nous arrêterons pas au terme de six mois, car il faut préparer la liste électorale au moins trois mois d'avance, et l'on n'aurait pas le temps matériel pour obtenir les renseignements nécessaires sur les nouveaux électeurs à inscrire. Il pourrait même se faire, dans certains cas, très-rares du reste, par exemple s'il s'agissait de personnes venant de pays lointains, qu'une année ne fût pas suffisante pour avoir ces mêmes renseignements. D'après cela nous serions conduits à exiger de chaque électeur, deux ans ou au moins dix-huit mois de résidence dans la commune.

Il va sans dire que tous les fonctionnaires déplacés par ordre sont en dehors de cette loi, et que les personnes qui viendraient s'établir dans une nouvelle commune auraient toujours le droit d'aller voter dans celle où ils étaient précédemment inscrits. Ils seront obligés de faire un voyage, c'est vrai, beaucoup s'en dispenseront, les uns par paresse ou indifférence, les autres par économie, c'est encore vrai, mais nous n'y voyons pas grand inconvénient. Une loi ne peut pas prévoir tous les cas ; d'ailleurs le nombre de ceux qui se trouveront atteints sera si peu considérable qu'il n'y a pas lieu de s'en préoccuper.

En adoptant cette résidence de deux ans, on a encore l'avantage de rendre impossibles bien des manœuvres électorales. Ne serait-il pas, en effet, facile à quelques grands industriels d'augmenter pendant quelques mois, d'une façon notable, le nombre de leurs ouvriers, dans le seul but d'amener l'élection d'un candidat de leur choix. Les candidats eux-mêmes pourraient user du même procédé et faire appel à leurs amis et connaissances. Un ennemi de toutes les libertés, un *communeux* peut seul trouver à redire à cette durée de deux ans que nous réclamons.

CANDIDATURES OFFICIELLES ET OFFICIEUSES.

Tous les partis ont attaqué avec acharnement ces candidatures, et tous, il faut bien le dire, aussitôt arrivés au pouvoir, se sont hâtés de les adopter et de s'en servir pour consolider leur autorité. Faut-il en conclure qu'ils étaient tous de mauvaise foi ? Non certes ; mais que ces candidatures officielles ou officieuses, car le nom n'y fait rien et au fond c'est toujours la même chose, s'imposent forcément à tout gouvernement établi. Examinons en effet la question. Lorsqu'un pays confie ses destinées à quelques hommes qu'il a choisis, il doit leur donner une autorité suffisante pour résister aux différents partis, et les moyens d'administrer ; c'est incontestable. Lorsque ce gouvernement ainsi formé a fonctionné pendant un certain temps, la majorité qu'il avait dans les Chambres peut s'être modifiée dans un sens ou dans un autre, c'est déjà un indice qui peut lui faire supposer que sa ligne de conduite est bonne ou mauvaise. Toutefois cela n'est pas suffisant ; il faut encore qu'il se mette en rapport avec l'opinion publique, et le meilleur moyen est, sans contredit, toutes les fois qu'il en trouve l'occasion, de lui présenter un candidat de son choix. En agissant ainsi il ne fait pas autre chose que de dire à la nation : « Si vous approu-
» vez ma manière de faire, nommez l'homme que je
» vous propose, il m'appuiera et m'aidera à continuer
» l'œuvre que j'ai commencée. » Il a dès lors, selon nous, non-seulement le droit mais encore le devoir de

soutenir celui qu'il a choisi. Il serait en effet absurde d'admettre que tous les partis ont la liberté d'appuyer leurs candidats par tous les moyens qui sont en leur pouvoir, et de refuser au seul gouvernement le droit de se défendre. Il vaudrait mieux le forcer d'abdiquer immédiatement, car chaque nouvelle élection ferait entrer à coup sûr à la Chambre un nouvel ennemi qui s'empresserait de lui créer difficultés sur difficultés et par suite de le renverser. Il se trouverait, en un mot, dans la position d'un homme auquel on aurait lié bras et jambes, sous prétexte qu'il serait bien capable de se défendre, et sur le dos duquel chaque individu viendrait bravement, suivant son bon plaisir, administrer une bonne volée de coups de bâton. Il nous semble bien inutile d'insister ; une personne de bonne foi ne saurait contester à nos gouvernants la liberté de soutenir leurs candidats, c'est-à-dire de se soutenir eux-mêmes.

Reste maintenant à savoir dans quelle mesure il leur est permis de se servir des moyens qu'ils ont entre les mains, et qui leur ont été donnés dans le but de sauvegarder leur existence. C'est là le point délicat et qu'il importe de bien déterminer.

Parmi les fonctionnaires, les uns font partie intégrante de l'administration politique, les autres au contraire, ont des emplois tout à fait indépendants. De là des devoirs différents pour les uns et pour les autres. Les premiers, préfets, sous-préfets, etc., etc., reçoivent l'impulsion immédiate du ministre, ils sont tenus de conformer leurs votes et leurs opinions aux instructions reçues. Si toutefois leur conscience se trouve en désaccord avec ces instructions, ils ont la ressource de donner leur démission. Autrement dit, sous peine de destitution, ils doivent seconder avec zèle et dévouement le ministre qui leur a confié une partie de son autorité. Admettre le contraire reviendrait à dire que dans un établissement, une usine par exemple, les chefs d'atelier et contre-maîtres ne sont tenus d'exécuter les ordres de l'ingénieur ou du directeur qu'autant que cela leur paraît convenable. Les ouvriers venant à user de la même faculté, on aurait cet idéal rêvé par les radicaux, idéal qu'ils sont en train de réaliser dans le royaume de toutes les Espagnes, au grand contentement des frères et amis.

Les seconds fonctionnaires peuvent voter comme ils l'entendent et ne sauraient être inquiétés à ce sujet, ce qui ne veut pas dire que le gouvernement doive les remercier et leur donner de l'avancement, mais il est tenu de respecter leur manière de voir, à la condition toutefois qu'il n'y aura ni bruit ni ostentation. En tant qu'individu le fonctionnaire a la même liberté que tout citoyen ; cependant il ne faut pas qu'il oublie que l'autorité et l'influence qu'il exerce, lui viennent en grande partie, sinon en totalité, de la place qu'il occupe. Il ne peut donc, en conscience, mettre cette autorité et cette influence à la disposition des ennemis du pouvoir existant. Dans ce cas il s'exposerait de la part de ce dernier à de justes représailles, les désagréments de toute espèce ne lui seraient pas épargnés, et il n'aurait pas le droit de se plaindre. Il est naturel en effet dans l'intérêt de sa conservation, et souvent même dans l'intérêt général, de faire la guerre à un ennemi déclaré. Agir autrement serait de la générosité mal placée que l'on peut admettre en religion, mais non en politique. Ne serait-ce pas, d'ailleurs, en laissant impunies les attaques des fonctionnaires, avouer qu'ils ont raison, et détruire de ses propres mains l'édifice que l'on veut construire ?

Cela admis, il faut savoir, et ce n'est pas ce qu'il y a de plus facile, dans quelle mesure le gouvernement et ses fonctionnaires pourront disposer dans l'intérêt des élections des moyens qu'ils ont entre les mains. Au lieu d'entrer dans les détails, ce qui serait à la fois long et fastidieux, nous poserons les règles suivantes :

1° **Dans** toute question d'intérêt général ils ne doivent se laisser guider que par le bien du pays. Ainsi par exemple, il ne leur est pas permis de promettre ou de donner des embranchements de chemin de fer, des canaux, des routes, etc., etc., aux communes et aux départements, pour faire réussir une ou plusieurs élections.

2° Ils peuvent agir sur l'opinion publique soit par la publication des pièces qui leur sont favorables, et qui font ressortir les services qu'ils ont rendus ou cru rendre au pays, soit par l'influence de leurs employés, influence qui ne doit jamais aller jusqu'à la pression, mais qui peut cependant être très-considérable, s'ils ont su choisir des agents intelligents et habiles.

3° Dans la distribution des places et faveurs, ils doivent agir à la façon d'un honnête homme, ce qui revient à dire qu'à mérite à peu près égal, ils ont le droit de favoriser leurs amis. Exiger le contraire serait demander l'impossible à la nature humaine, ce serait même une absurdité, car, comme nous l'avons dit, en politique on ne doit pas donner des armes à ses ennemis et préparer ainsi sa propre ruine.

Avec de pareils moyens, on pourrait supposer que le gouvernement doit toujours sortir vainqueur des luttes électorales ; il n'en est rien cependant, et la plupart du temps il est vaincu. Il a contre lui un désavantage immense : celui d'être le pouvoir existant. Par suite, les calomnies les plus odieuses et les plus absurdes sont admises avec enthousiasme, et ceux qui l'attaquent deviennent toujours aux yeux de la foule imbécile, des héros et des grands hommes. Il en est ainsi dans tous les pays et surtout dans notre beau pays de France.

On peut résumer tout ce que nous venons de dire de la manière suivante :

Exiger de tous les électeurs l'âge de 25 ans et deux années de résidence dans la commune ;

Maintenir le suffrage universel tel qu'il est actuellement, jusqu'à ce qu'il soit bien démontré que son existence est incompatible avec celle de la France. Dans ce cas il faut le supprimer pour un temps plus ou moins long, sans hésiter, franchement et ouvertement ; la duplicité et les faux-fuyants sont toujours de mauvais moyens ;

Enfin donner quelques garanties aux idées conservatrices en adoptant le scrutin par arrondissement, en créant une Chambre haute et en admettant les candidatures officielles, à la condition toutefois de rester dans les limites que nous avons tracées.

Niherne, 20 février 1874.

Châteauroux. — Typ. et Lith. A. NURET ET FILS.